JN015597

研究社

はじめに

「英語で小噺！」が出版されてから 10 年以上がたちました。この間、その中の多くの噺が日本中、そして世界中で発信されてきたお話を聞くたびに、とてもうれしく思っていました。夏季ホームステイを経験した高校生はホストファミリーや語学学校での発表で小噺を披露し、海外に留学した大学生はプレゼンテーションの冒頭で観客の気持ちをしっかりつかみ、立食パーティで話題に困ったビジネスマンは和やかな会話のきっかけとして小噺を使ってくれました。日本国内でも英語のスピーチコンテスト、文化祭や国際交流フェスティバルでの発表会、留学生の歓迎会など 数々のイベントで英語の小噺を演じてくれたというお話をたくさん聞きました。中国語でのスピーチコンテストで、小噺を中国語に訳して使ってくれた方もいました。こういったエピソードを耳にするたびに、皆さんがどのように演じてくれたのか想像してワクワクします。また、体験談を聞く機会があると 同時に、もっと他にも面白い小噺はないのか、とリクエストされることもありました。英語の授業で小噺を教材に使ってくださっている中学校や高校の先生方も、そろそろ新しい噺を取り入れたいと思われていたようです。そこで第二弾を執筆するに至った次第です。

私自身も英語落語の公演会や各種イベントでスピーチをする機会などがあるごとに、第一弾の「英語で小噺！」に収録してある小噺をいまでも使います。意外に、これはもう古いな、使えないな、というものは少ないと思います。それは、日本でも海外でもウケる噺を選んでいるので、そういったユニバーサルな噺は人間の本質を突いたものが多く、時代にかかわらず面白いものだからだと思います。とはいえ、他にももっと面白い噺があるはず！と言われれば、確かにそのとおりです。日本人の私たちが英語で披露しても無理なく自然に楽しめる上に、海外でも十分に通じる小噺たち、あります。今回も昔から日本にある小噺、外国の昔ばなし、有名な英語のジョークなどをアレンジして「落語形式」に仕立てました。

「落語形式」というのは、噺が「会話」で成り立っているスタイルです。私自身の研究も含め、他にも何人かの研究によって「日本人の笑い話は会話形式であることが多い」ということがわかっています。これは、ナレーションスタイルの英語ジョークと大きく異なる点です。笑い話に限らず、皆さんも普段から誰かの話や過去にあった話を再現するときに、誰がどのように何を言ったのか、ジェスチャーを交えてセリフにして語ることが多いのではないでしょうか？それが私たちらしい、もしくは私たちにとって語りやすいスタイルならば、是非使うべきです。このスタイルが海外の人にとってわかりにくい、ということはありません。ぐっとわかりやすくなります。それに、「会話形式」という日本らしい個性を表現することも大事です。

誰だって楽しいことが好きだし、笑うことも好きです。よく笑う人は、友好的で人に好かれやすく、頭の回転も速く賢いという印象を与えます。実はジョークは、ある程度の文化・社会的な常識や知識を持っていないと理解できず、楽しめないのです。そのため、ジョークを聞いてすぐに理解できる人は、賢いという印象につながります。ジョークを聞いて楽しむ受信型もいいですが、発信することにも大きな意味があります。元々 自分は面白いことを言うような性格ではないとか、人を笑わせるキャラではないとか、そういった理由で笑いやジョークを発信することから遠ざかっている人も多いかも知れませんが、ユーモアに性格は関係ないと思います。面白い人は先天的に面白い人なのだ、という考え方もあるかも知れませんが、後天的にユーモアを身につける人もいます。ユーモアのセンスや人を笑わせる技術は、あとから習得することのできるコミュニケーションのスキルです。多くの英語圏では、ユーモアは語学やスピーチと同様、必要であれば学習して習得するべきコミュニケーションスキルの１つと考えられています。ですから、できないということはありません。得手不得手、好ききらいはあるにしても、やり方を学べば 誰にでもジョークを語ることはできるのです。

移民の多い多文化・多民族社会（アメリカやオーストラリアなど）の人々は陽気でユーモアがある、というイメージがありますが、これは彼らが異文化コミュニケーションのスキルとしてユーモアのセンスを意識的に身につけた結果だと思います。普段から文化も言語も民族も異なる人同士で社会を形成しているのですから、お互いに衝突しないようスムーズなコミュニケーションを営むためにユーモアは不可欠なのです。ですから、彼らは自分に合ったジョークを探して覚えて適切な場所で披露することを日常的に行なっています。そうやって上手なジョーク·テラーになっていくのです。ジョークも小噺もスキルです。練習次第でとてつもなく上手く面白くできます。私の授業にも、シャイな性格の学生がいつも数名はいますが、小噺となると突然化けたように面白くなる人がいます。そんなとき、国際的に通用しやすい人に脱皮したな、と感じます。是非 皆さんにも「世界に通じた！」「世界を笑わせた！」という体験をしてほしいと願っています。

2021 年 9 月

大島希巳江

目次

音声について

本書収録の音声は、研究社ホームページ（www.kenkyusha.co.jp/）より、以下の手順でダウンロードできます。

① 研究社ホームページのトップページから、「音声・各種資料ダウンロード」にアクセスします。

② 表示された書籍の一覧から、「英語で小噺！2 ── イングリッシュ・パフォーマンス実践教本」の「ダウンロード」をクリックしてください。ファイルのダウンロードが始まります。

③ ダウンロード完了後、解凍してご利用ください。

英語で小噺（こばなし）！ 2

イングリッシュ・パフォーマンス実践教本

TRACK 01

パパだけひいき

A family went camping.

Mom: Kids! Don't swim in the river! It's dangerous.

Kids: But mom, that's not fair! Daddy is swimming in the river.

Mom: Well, he is different.

Kids: Why? How is he different?

Mom: He has life insurance.

- **not fair**　「公平ではない」「不公平」という意味。子供がよく使う。
- **different**　「違う」「異なる」という意味。この場合は、「パパだけは子供たちと異なる条件（保険がかかっている）があるからいいのだ」という意味で使っている。
- **insurance**　保険。life insurance なら生命保険、car insurance なら車両保険。

ある家族がキャンプへ出かけました。

母親： 子供たち！　川で泳いじゃダメよ！　危ないんだから。
子供： でもママ、それはずるいよ！　パパは川で泳いでるよ。
母親： まあ、パパはいいのよ。
子供： なんで？　どうしてパパはいいの？
母親： 生命保険がかかってるからよ。

に出して実演してみよう！

登場キャラクターの設定

● **子供**＝できれば川で泳ぎたい、元気いっぱいの子供。
● **母親**＝夫には少々冷たい子供思いのママ。

演じわけのコツ

● **子供**＝せっかく遊んでいるのに、母親に止められてがっかりした様子。ちょっとふてくされて、川で楽しそうに泳ぐ父親を指差しながら文句を言う感じがいいかも。

● **母親**＝最初子供を叱るときは、しっかり怒っている調子で。後半はかなり冷静に「パパはいいのよ」と言い聞かせる。最後のセリフは、いたずらっぽく堂々と笑顔で言ってもいいし、パパには内緒よという感じで唇に人差し指を当てながら小さな声で言う、でもいい。

2

TRACK 02

ジーニーに願いごとを

A Genie suddenly came down from the sky and said,

Genie: I can make your wish come true!

Boy: Really? Wow! I'm so lucky! Ah, ah, I have to think ... Just wait a second.

Genie: OK. ... Now it's been a second.

The Genie disappeared.

語句注

- **Genie**　ジーニー、(アラビアの説話などに登場する)魔神
- **wish**　～であればいいな(動詞)。この場合は名詞で「願いごと」という意味。
- **wait a second**　ちょっと待って
- **disappear**　消える、姿を消す、見えなくなる

魔神のジーニーが突然 空から降りてきて言いました。

魔神： お前の願いを１つ聞いてやろう！

少年： 本当に？ すごいぞ！ 俺ついてるなあ！ えーと、えーと、何か考えなくちゃ … ちょっと待って。

魔神： オーケー。… さ、“ちょっと”が過ぎたな。

そしてジーニーは消え去ってしまいました。

に出して実演してみよう！

登場キャラクターの設定

- **魔神** ＝魔法が使える不思議な神。
- **少年** ＝普通の少年〜青年の設定。

演じわけのコツ

- **魔神** ＝基本的に上から目線で相手に話しかける。体が大きいからなのか、宙に浮いているからなのか、設定は自由だが、相手を見下ろすように話すほうが魔力がありそうで効果的。両腕を胸の前で組む、両手を腰に当てるなどのしぐさで魔神らしさをアピールできるといい。この場合、「ちょっと」は１秒のことなので、… Now の直前に大きくうなずく、手をパンと叩くなどして、１秒たったことを示すジェスチャーをいれるとわかりやすい。
- **少年** ＝ジーニーが突然現れて、うれしすぎてちょっとパニックに陥る。落ち着きなく、手をバタバタさせるなどして、一生懸命願いごとを考える。その挙句、とっさに口から出た “Just wait a second.”。これを「１秒待って」という願いごとをしたとジーニーに解釈されてしまい、大失敗するという …、おドジな少年。

3 酔っ払い

TRACK 03

Son: Hey dad, how do you know when you're drunk?

Father: Well, let's see ... Uh, see those trees outside? When those five trees start looking like there're eight, then you know you're drunk!

Son: Um, but dad, there are only three trees ...

語句注

・**drunk**　be動詞＋drunkで、「飲まれている」、つまり「酔っ払っている」という意味。通常「何を」飲むのか、を明言しない場合の drink はアルコールの類であると考えてほぼ間違いない。Would you like a drink?（何か飲む？）という会話が大人同士の場合は、ほとんどがアルコール類。Would you like something to drink?（何か飲む？）は、アルコール類だけでなく、水やコーヒーなど一般的な飲み物を何でも指す。Have a drink.（一杯飲めよ）は、間違いなくアルコール類。アルコールじゃないときは、Have a glass of water [a cup of coffee, some tea].（お水を1杯[コーヒーを1杯、紅茶を]どうぞ。）のように具体的に言うことが多い。 日本語でも、「飲みに行こう」とか「飲み会」と言ったら、通常はアルコールを飲むことを指すので、同じような使い方だと思っていい。

息子： ねえ、お父さん、自分が酔っ払ってるってどうしてわかるの？

お父さん： うーん、そうだなあ … ああ、ほら外に木が生えているだろう？ あそこにある 5 本の木が 8 本に見え始めたら酔っ払ってるってことだ！

息子： えー、でもお父さん、木は 3 本しかないよ …

声に出して実演してみよう！

登場キャラクターの設定

●**息子** ＝素直な子供。小学生くらいを想定。

●**お父さん** ＝すでに酔っているお父さんだが、偉そうに子供に何か教えてやっているつもり。

演じわけのコツ

●**息子** ＝最初はつぶらな瞳をキラキラさせながら、純粋な質問をしている子供らしく聞く。最後のセリフは、窓の外をじーっと見ながらちょっといぶかしげに、ゆっくりと…。最後に厳しい顔してお父さんを振り返ってもいい。

●**お父さん** ＝ゆっくりと思慮深く話しているような様子で、酔っているのか、考えながら話しているのかが わからないように話す。お父さんのセリフの段階では、彼が酔っ払っていることが聞き手にバレないほうがいい。

4 罰逃れ

TRACK 04

Student: Mrs. Reed, would you ever punish a student for something they didn't do?

Teacher: No, I wouldn't. How can I punish someone when he or she didn't do anything?

Student: Oh, good! Then, I didn't do homework today, so you won't punish me!

語句注

- **punish** 罰する、こらしめる

生徒： リード先生、生徒が何もしていないからって罰を与えたりすることはありますか？

先生： いいえ、そんなことはしません。何もしていないのにどうして罰することができますか？

生徒： ああ、よかった！　じゃあ、僕 今日宿題してこなかったんだけど、罰せられないですね！

に出して実演してみよう！

登場キャラクターの設定

●**生徒**＝ちょっとズル賢い生意気な生徒。

●**先生**＝真面目な先生。

演じわけのコツ

●**生徒**＝何事もなかったような顔で、一般的な質問をするふりをして手を挙げて質問する。できるだけあどけない顔つきで。最後は本当にほっとした満面の笑みで、胸に両手を当てながら言うといい。先生に話しかけているので、目線は上に。

●**先生**＝最後にはしてやられるのだが、この場面では正々堂々と立派な先生を演じ切る。正論をしっかりと生徒に言い聞かせるように、そして言い終わったところで大人のいい笑顔を見せる。あとでこの笑顔が鬼に変わるのだろうな…、と想像させるのが楽しい。

5 先生はわかってない

TRACK 05

A math teacher asked,

Teacher: OK, Johnny, you have one dollar in your pocket. And you asked your father for a dollar and fifty cents. How much do you have?

Johnny: I have one dollar.

Teacher: Johnny, you don't understand basic math.

Johnny: No, you don't understand my dad.

語句注

・**math**　「算数」のこと。mathematics の略だが、略して使われることが多い。

和訳

算数の先生が質問をしました。

先生： じゃあジョニーくん、あなたのポケットに 1 ドル入っています。お父さんに 1 ドル 50 セントちょうだい、とお願いしました。さて、あなたはいくら持っていることになるでしょう？

生徒： 1 ドルです。

先生： ジョニー、あなたは算数の基本をわかっていませんね。

生徒： いえ、先生が僕のお父さんをわかっていないんです。

声に出して実演してみよう！

登場キャラクターの設定

- **先生**＝小学校低学年を担当する真面目な算数の先生。
- **生徒**＝ちょっとだけひねくれた生徒。たぶんお父さんのせい。

演じわけのコツ

- **先生**＝最初は、小さな子供にわかりやすいように、口答で算数の問題を出すやさしい先生。生徒が答えを間違えたとたんに、腕を組む、もしくは両手を腰に当てるなどして「うーん、困ったねえ、こんな問題もわからないの？」と困惑した様子を表現するといい。
- **生徒**＝算数の問題とはいえ、ついケチなお父さんの性格を考えて答えを出してしまう。最後は、ちょっと怒ったように言い返す感じで。先生のセリフを繰り返す形で言い返しているので、ジェスチャーも腕を組んだり両手を腰に当てたり、先生と同じにするのも面白い。

6

TRACK 06

太っちゃったかも

A husband decided to weigh himself.

Husband: Oh boy, it's going to be bad!

Wife: It's OK, honey. Just step on it!

Husband: OK, here I go!

Wife: Ha, ha, ha, it doesn't help if you suck in your stomach. It makes no difference.

Husband: I know! But this is the only way I can see the numbers on the scale.

- **weigh** 体重を測る。名詞の「体重」は weight.
- **Oh boy** いやはや、さあどうなるかな、やっちゃった、などの発声
- **honey** 愛情を込めた呼びかけ表現の１つ。夫婦や親子間で使われる。
- **suck in** 「吸い込む」という意味。この場合は息（お腹の空気）を吸い込んでお腹を引っ込めようとしている。
- **scale** 体重計

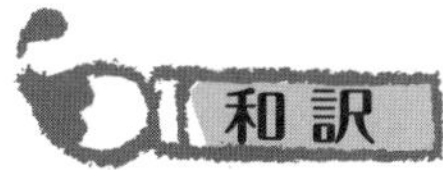

和訳

夫が体重を測ってみることにしました。

夫： やれやれ、ひどいことになりそうだ！

妻： 大丈夫よ、あなた。ただ体重計に乗ればいいのよ！

夫： よし、さあいくぞ！

妻： あははは、お腹引っ込めたってどうにもならないわよ。何も変わらないんだから。

夫： わかってるよ！　だけど、こうしないと体重計の数字が見えないんだよ。

声に出して実演してみよう！

登場キャラクターの設定

●**夫**＝お腹がでっぷりしてきた中年のおじさん。

●**妻**＝そんな夫を笑って受け入れているおおらかなおばさん。

演じわけのコツ

●**夫**＝太ったということがわかっていても、体重計に乗るときだけはなるべくお腹を引っ込めたりつま先でそーっと乗ったりするもの。この男性も、ドキドキしながらお腹まわりを触りながらそーっと体重計に乗るしぐさがあるといい。最後のセリフはさすがにちょっとイラっとして、お腹を引っ込めながら足元のほうを見て言う。

●**妻**＝夫が体重を測るのに付き合ってあげている。太ったのはわかっているから、数字の結果はどうでもいいと思っている。おおらかに明るく、笑いながら話すとよい雰囲気になる。人の肩を叩きながらしゃべるおばちゃんのイメージで。

TRACK 07

7 健康法

Friend: So, how was your doctor's appointment?

Patient: It was okay. I was sick for a while but the doctor told me a good idea.

Friend: Oh? What is that?

Patient: He said, I should drink a glass of fresh-squeezed orange juice after a bath.

Friend: Sounds good. How is it working?

Patient: I don't know. I haven't finished drinking the bath yet.

語句注

- **doctor's appointment** 医者(病院)の予約
- **squeeze** しぼる、ぎゅうっとする
- **yet** まだ、いまだに

友人： で、お医者さんに診てもらってきたんでしょ、どうだった？

患者： 良かったよ。しばらく具合悪かったんだけど、お医者さんがいいこと教えてくれてね。

友人： そうなの？　どんなこと？

患者： 先生が言うには、お風呂のあとに しぼりたてのオレンジジュースをグラスに 1 杯飲むといいらしい。

友人： 良さそうだね。それでやってみてどう？

患者： わからないよ。まだお風呂さえ飲み終えてないんだから。

に出して実演してみよう！

登場キャラクターの設定

● **友人** ＝ 普通の友人。

● **患者** ＝ 少し天然ボケの人。具合が悪いので病院へ行ってきたところ。

演じわけのコツ

● **友人** ＝ 体調の良くなかった友人を心配していろいろ聞いている。友人のボケ具合には最後まで気がつかない。

● **患者** ＝ 医者にもらったアドバイスをうれしそうに話す。しかし、最後に、お風呂をなかなか飲み終えることができない自分に、がっかりして悲しそうな表情になる。

8

TRACK 08

学校きらい

One morning, a mother came into her son's bedroom and said,

Mother: Come on, get up! You're going to be late for school!

Son: Mom, I don't want to go to school! It's the worst! I don't have any friends and all the teachers hate me.

Mother: Sweetie, that's no excuse. You're 52 years old and the principal of your school.

- **late for ～**　～に遅れる、遅刻する
- **Mom**　お母さん、ママ。フォーマルな場面では使わない。日本語でも人前で話すときは「私の母は…」と言うのと同じように、フォーマルな場面では mother を使う。
- **worst**　最悪。bad（悪い）の最上級。bad, worse, worst と活用する。
- **Sweetie**　愛情の呼びかけ表現。「かわいい子」「愛すべき子」といった意味。親から子供に対して、夫婦間などでは大人になってからも使う。他に honey, sweet heart などもよく使われる。
- **no excuse**　「言い訳はきかない」という意味

和訳

ある朝、母親が息子の寝室へ来て言いました。

母親：　ほら、起きなさい！　学校に遅れちゃうわよ！

息子：　ママ、学校には行きたくないよ！　学校なんて最悪だよ！　友達なんて一人もいないしさ、先生たちはみんな僕のこと きらいなんだ。

母親：　あのね、そんな言い訳ダメよ。あなたは 52 歳で、学校の校長先生なんですからね。

声に出して実演してみよう！

登場キャラクターの設定

- **母親**＝小さな子供に厳しくしつけをしている母親のようでいて、実は息子に相当甘いお母さん。
- **息子**＝何歳になっても甘えん坊のだらしない息子。52 歳。

演じわけのコツ

- **母親**＝口調はあくまで厳しく、子供を叱りつけるような言い方がいい。最後のオチでそのギャップが面白くなる。腰に両手を当てて仁王立ち、もしくはベッドに寝そべっている息子の肩を叩く、などのジェスチャーがあるといい。
- **息子**＝実際には 52 歳のおじさんだが、話し方は母親に甘える子供のような調子にするとオチが活きる。ジェスチャーは、例えばベッドで布団を頭からかぶっていたところ、母親に起こされて顔をひょっこり出して文句を言い出す、頭を抱えてふてくされながら話す、など子供が学校へ行きたくないときの態度を子供っぽく演じるとよい。

9 歯医者

TRACK 09

A woman went to a dentist.

Woman: Doctor, this tooth hurts so much.

Dentist: Let's see it … , oh, this is bad. I have to pull it out.

Woman: Really? Oh, no … .

Dentist: It's OK, it only takes a few seconds.

Woman: And how much would it cost?

Dentist: It will be 7,000 yen.

Woman: What!? 7,000 yen only for a few seconds!?

Dentist: Well, I can pull it out very slowly, if you like … .

語句注

- **dentist**　歯医者
- **tooth**　歯。複数の場合は teeth となる。

ある女性が歯医者へ行きました。

女性： 先生、この歯がとても痛いんです。

歯医者： どれどれ…、ああこれはひどいな。これは抜かないとダメだ。

女性： 本当ですか？　イヤだわ…。

歯医者： 大丈夫ですよ、ほんの数秒しか かかりませんから。

女性： それでおいくらぐらい かかるんですか？

歯医者： ７０００円ほどです。

女性： なんですって!?　たった数秒のことに７０００円!?

歯医者： まあ、ご希望ならものすごーくゆっくり抜くこともできますが…。

に出して実演してみよう！

登場キャラクターの設定

●**女性**＝歯がとても痛くてたまらない様子の女性。ちょっと怒りっぽいケチな中年女性。男性の設定に変えてもOK。

●**歯医者**＝落ち着いている、普通の歯医者。

演じわけのコツ

●**女性**＝前半は自分の歯のことを心配していたのに、最後には金額の高さに少々大げさに驚いてみせるとギャップが出る。大きな声、はね起きるようなしぐさなどがあるといい。

●**歯医者**＝最後のセリフはあきれたように言う、冷静に皮肉っぽく言う、嫌みたっぷりに意地悪く言う、など様々な工夫ができる。

10

TRACK 10

古い人間ですから

Father: Hey, bring me a newspaper!

Daughter: Daddy, that's old school. People read news on a tablet now.

Father: I want a newspaper!

Daughter: Dad, you can't just get old like that. You have to catch up with the times!

Father: People still need newspapers!

Daughter: Here, try my iPhone.

Father: I can't use that. Ahhhhh!!! Look what you did. The fly got away!

語句注

- **daddy**　ニュアンスとしては、日本でいうところのパパ。比較的小さい子供が父親を呼ぶとき、甘えたような言い方をするときに使う。父 → father、お父さん → dad、パパ → daddy といった感じだと思うといい。
- **old school**　古いやり方。old fashion という言い方もある。
- **catch up**　追いつく

和訳

父親： おい、新聞とってくれ！

娘： パパ、そんなの古いわよ。いまはね、みんなタブレットでニュースを読むのよ。

父親： 新聞がいいんだよ！

娘： パパ、そうやって ただ古くなっていっちゃダメよ。時代についていかないと！

父親： 新聞はいまだって必要なんだ！

娘： もぉ、私のアイフォン使いなさいよ。

父親： そんなの使えるか。あああっっ !!!　それ見たことか。ハエが逃げちゃったじゃないか！

に出して実演してみよう！

登場キャラクターの設定

●**父親**＝昔ながらの頑固なお父さん。

●**娘**＝いかにも現代っ子。何かと古い父親を少しバカにしている。

演じわけのコツ

●**父親**＝いかにも昔気質の人間がかたくなに紙媒体にこだわっている、という雰囲気で。娘に対しても上から目線で威張っている。最後のセリフだけは、突然大声で大げさに騒ぐといい。頑固おやじではなく、ハエを叩こうとしてとり逃した残念なパパに早変わりするところが面白い。

●**娘**＝古い父親に新しいものを使わせようとする、少し生意気な娘。腰に手をやったり、大げさに両手を広げたりして父親を説得しようとする。

11 天国と地獄

TRACK 11

Heaven on earth is: where the houses are American, the cars are German, the watches are Swiss, the artists are Italian, the chefs are Chinese, the wives are Japanese, and the French are lovers, and so on.

Hell on earth is: where the houses are Japanese, the cars are Italian, the watches are Brazilian, the artists are German, the chefs are British, the wives are American, and the Chinese are lovers, and so on.

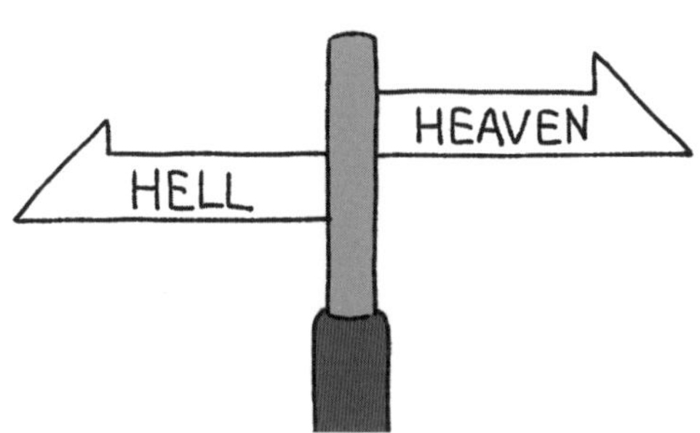

・chef　シェフ、料理人

この世の天国とは：アメリカの家に住んで、ドイツ車に乗って、スイス製の時計をして、芸術家はイタリア人で、料理人が中国人で、日本人の妻がいて、フランス人の愛人がいること、とか。

この世の地獄とは：日本の家に住んで、イタリア車に乗って、ブラジル製の時計をして、芸術家はドイツ人で、料理人がイギリス人で、アメリカ人の妻がいて、中国人の愛人がいること、とか。

声に出して実演してみよう！

登場キャラクターの設定

●各国のステレオタイプを使ったジョーク。もっと国の数を増やして、それぞれが天国と地獄の両方に登場するように工夫するとより良くなる。あまり差別的な印象を与えないように、あくまでステレオタイプの枠をはみ出さないように気をつけること。

演じわけのコツ

●ナレーション・スタイルのジョークなので、淡々と話してもよい。しっかり伝わるように一つ一つをはっきりと、ゆっくりと。特に後半の地獄のほうは、一つ一つが小さなパンチラインなので、わかりやすいことが大切。

12 ウザい叔母さん

TRACK 12

Man: My old aunt is really annoying. Every time we see each other at somebody's wedding, she always asks me, "Are you going to be next? Hmm?" I wish she would stop.

Friend: You know what. You can stop her from saying that to you if you do the same to her.

Man: What do you mean? Ask if she's going to be next?

Friend: Yeah. Except, say it when you see her at somebody's funeral.

語句注

- annoying　うっとおしい、うるさい
- except　「～以外は」「ただし～」という意味
- funeral　葬式

和訳

青年： 僕の叔母すごくうっとおしいんだよ。誰かの結婚式で顔を合わせるたびに、「次はあんたね？　でしょ？」って聞いてくるんだ。やめてくれないかな。

友人： こうすればいいんだよ。叔母さんに同じことをすれば、きっと君にそんなこと言わなくなるよ。

青年： どういうこと？　次は叔母さんだねって言うの？

友人： そう。ただし誰かのお葬式で顔を合わせたときにね。

声に出して実演してみよう！

登場キャラクターの設定

●**青年**＝男性の設定でも女性の設定でも可能な噺。20 代後半～ 30 代前半くらい。

●**友人**＝同年配の友人。ちょっとキツいこと言う性格。

演じわけのコツ

●**青年**＝うっとうしい叔母さんに心底困っている、という様子で。腕を組んだり、頬に手を当てたり、などのジェスチャーを交えるといい。

●**友人**＝友達の悩みごとにアドバイスをする いい友人だが、言うことは少々厳しい。シレっと笑顔で言うか、意地悪っぽくこそっと言うか、いずれにしても「いいアイディアでしょ？」というドヤ顔で。

13 最高の家電

TRACK 13

Two ladies were talking.

Lady 1: I bought a new dishwasher the other day. It cleans thirty dishes at once and even dries them by itself!

Lady 2: Oh, that's nice. My dishwasher is thirty years old, but it still cleans all the dishes we need, dries them, and even puts them back in the cupboard.

Lady 1: Really? It puts the dishes back in the cupboard? May I see your dishwasher?

Lady 2: Oh, you've already met him. My husband.

- **lady** 「女性」という意味。おおよそ30歳以上。10代後半から20代の女性はよく young lady と呼ばれる。woman と lady の違いは繊細なところだが、woman はありとあらゆる状況ですべての女性を指すことができるのに対し、lady はより洗練された表現で、教養のある女性を指す場合が多い。
- **bought**　buy の過去形。買った。
- **cupboard**　食器棚

二人の女性が話しています。

女性1： 私ね、この間 新しい食器洗浄機買ったのよ。30 枚ものお皿を一度に洗えて、自動で乾燥までできるんだから！

女性2： まあ、すてきね。私の食器洗浄機なんて 30 年ものだけど、いまでも必要なお皿は全部洗ってくれるし、乾燥もしてくれるし、食器棚にしまうところまでやってくれるのよ。

女性1： 本当に？　食器棚にしまうところまで？　あなたの食器洗浄機見せてくれる？

女性2： あら、会ったことあるでしょ。うちのダンナ。

に出して実演してみよう！

登場キャラクターの設定

●**女性二人**＝最後のオチから考えると結婚して 30 年以上たっている女性なので、60 歳くらいかそれ以上を想定。

演じわけのコツ

●**女性 1** ＝最初は少し自慢げに食洗器の話をする。少し年配で裕福そうな雰囲気を出すには、ゆっくりめに話すといい。後半のセリフは驚いた様子を表現するために、前に乗り出しながら最初より早口で話すなどの工夫をする。

●**女性2**＝終始落ち着いていて、ゆったりと話す。手を頬に当てるなど、余裕のある女性のジェスチャーをいれるとよい。

14 新人

TRACK 14

Patient: I'm terrified to have this surgery.

Friend: You should be fine. It's only to remove your appendix.

Patient: I know, but I'm scared because I overheard the nurse saying, "Oh, it's OK. It is a very simple surgery. I know that you're scared, and that this is your first time, but it'll be fine."

Friend: Well, that's nice. She was trying to comfort you.

Patient: She wasn't talking to me. She was talking to the doctor!

語句注

- **be terrified**　恐ろしい。be scared よりも怖い。
- **be scared**　怖い、怖がっている
- **remove**　取り出す、取り除く
- **appendix**　この場合は「盲腸」を意味するが、元々は「何かにくっついているもの、付属物、付録」といった意味がある。書籍の最後のほうについている付録などを指すことも多い。
- **nurse**　看護師
- **surgery**　手術
- **comfort**　「居心地よくする」「快適」などの意味。この場合は「なぐさめる、励ます」の意味で使っている。

患者： この手術受けるの怖いなぁ。

友人： 大丈夫だよ。盲腸取るだけなんだから。

患者： わかってるけど、看護師がこんなこと言ってるのを聞いちゃったから怖いんだ。“まあ、大丈夫ですよ。とってもかんたんな手術ですから。怖いのはわかりますよ、なにせ初めてなんですからね。でもきっと上手くいきますよ”ってね。

友人： なんだ、親切じゃないか。安心させようとしてくれているんだよ。

患者： それを僕に言ったんじゃないんだ。医者に言ったんだよ！

に出して実演してみよう！

登場キャラクターの設定

- **患者**＝初めての手術を受ける直前でびくびくしている患者。
- **友人**＝お見舞いに来た患者の友人。励まそうとしている。

演じわけのコツ

- **患者**＝たかが盲腸の手術のわりに、必要以上に怖がっている様子。両手で自分の肩やひじをぎゅっとしたり、胸の前で両手を組んだり、不安そうなジェスチャーをつける。もしくは、恐ろしさでパニックに陥っているような患者、という設定で演じてもよい。その場合、両手を無駄に振り回しながら、大きな声で早口で話す。
- **友人**＝不安そうな、もしくはパニックになっている友人に少々驚きながらも（たかが盲腸だから）、落ち着かせようと、ゆっくりと諭すように話す。

15

TRACK 15

子供のけんか

Two boys were at a park, arguing.

Boy 1: Can't you run faster? Why are you so slow? Your mom must be really slow, too.

Boy 2: What? Don't talk about my mom that way! You, your mom must be fat and ugly, too!

Boy 1: No, your mom is fat and ugly!

Then a mother came in between them and said,

Mother: Boys, stop it! You are brothers! ... and I don't want my sons to argue in public.

・**argue**　口論、議論。ここでは「口げんか」のこと。日本語では口げんかも殴り合いのけんかも「けんか」なので、英語の fight と間違えやすいが、fight は物理的に殴ったり蹴ったりするけんかのことを指す。

・**fat**　太っている。もちろんほめ言葉ではないので、人に対して使うのは失礼。実は、big にも「おデブ」という意味があり、日本語で「彼女は大きいね(=背が高いという意味で)」と言いたいときに直訳して "She is big." と言ってしまうと、「彼女はかなり太っている」という意味になってしまうので、気をつけたい。少し柔らかい表現としては、chubby(ぽっちゃり)がある。

・**ugly**　醜い、見苦しい。この小噺では顔のことを指しているが(もちろんとても失礼)、悪天候やひどい状況などにも使われる。(例) ugly weather (悪天候) ／ It gets ugly. (ひどいことになるぞ)。

・public　公共の、公衆の。「公(おおやけ)の場で」「一般に公開されている」という意味もある。

二人の少年が公園でけんかをしています。

少年1：　お前もっと速く走れないのかよ？　なんでそんなに遅いんだよ？　お前のかあちゃんも足がすっげえ遅いんだろうな。

少年2：　なんだと？　かあちゃんの悪口をそんなふうに言うな！　おい、お前のかあちゃんだってデブで不細工だろ！

少年1：　いや、お前のかあちゃんこそデブで不細工だ！

そこへお母さんがやってきて言いました。

母親：　あんたたち、やめなさい！　兄弟なんだから！　…人前でうちの子がけんかなんてやめてよね。

声に出して実演してみよう！

登場キャラクターの設定

●**少年１**＝やんちゃな小学生のイメージ。

●**少年２**＝同様にやんちゃで元気な小学生。

●**母親**＝元気な男の子を育てている大柄な肝っ玉かあちゃん、というイメージ。

演じわけのコツ

●**少年１**＝大きな声で思い切り悪口を言うといい。意地悪な顔をすること。

●**少年２**＝こちらのほうが足が遅いということはたぶん弟？　がんばって言い返している様子が出るように。少年１より少し高い子供っぽい声を出すと違いが出る。

●**母親**＝少し困ったような、恥ずかしいような思いで、子供たちを叱りつける母親。やはり同様に大きな声で。両手を広げて二人の子供を制するようなジェスチャーなどをつけるとわかりやすい。

16 ほめ言葉

TRACK 16

A wife was looking at herself in the mirror.

Wife: Oh my goodness, look at me. I'm getting old and fat. I have wrinkles and spots on my face. And my hair looks awful!

Husband: Sweetie, don't worry about it.

Wife: Darling ... at least try to make a compliment about me. Even just one. Can't you come up with something??

Husband: Of course! Um ... you, you have such good eyes!

語句注

- wrinkles　しわ
- spots　しみ
- awful　ひどい
- darling　愛情を込めた呼びかけ表現の1つ
- compliment　ほめ言葉
- come up with　思いつく、考えつく

奥さんが鏡の中の自分を見ています。

妻： ああ、本当にもう、私を見てよ。年とって太っちゃって。顔もしわとしみだらけ。髪の毛だってひどいものだわ！

夫： お前、そんなの気にするな。

妻： だって、あなた… せめて何か私のことほめてみてよ。1つだけでいいから。何か思いつかないの？？

夫： もちろんさ！　ええと…、君は、君はとても目がいいね！

声に出して実演してみよう！

登場キャラクターの設定

●**妻**＝中年かそれ以上の女性。ちょっと太り気味で見た目を気にしている。

●**夫**＝やさしい、正直な男性。妻に気をつかっている。

演じわけのコツ

●**妻**＝鏡の前に立って、体を横にしたりお腹を引っ込めたりしながら、太った老いたなどのセリフ、鏡をのぞきこんで目じりや頬を引っ張ったりしながらしみしわのセリフ…、セリフとジェスチャーが合うように演じるといい。最後に「何か（ほめ言葉）思いつかないの？？」のところで、初めて夫に向かって振り返る。それまではひたすら鏡の自分に注目している。

●**夫**＝妻をやさしい声でなぐさめるが、急にほめなさいと無茶ぶりをされて、あわてふためく。最後のセリフは少しどもって、一生懸命視線を泳がせながらちょっと時間をかけて考えるといい。その挙句やっと出てきたほめ言葉をドヤ顔で You have such good eyes! と言うと面白い。確かに年をとると目も悪くなるから、「目がいいね」はほめ言葉には違いないが、見た目をほめたことにはならない。正直すぎてちょっとドジな夫。

17

TRACK 17

ショック療法

A woman ran out of an office in a clinic screaming.

Woman: Oh my god, oh my god!!

A doctor wondered and so asked the young doctor in the office.

Doctor 1: Hey, what happened with that woman?

Doctor 2: She said she couldn't stop her hiccups. So I gave her a blood test.

Doctor 1: So, what was wrong?

Doctor 2: Nothing's wrong with her. I just told her she's pregnant.

Doctor 1: What!? But, she's 72 years old. That's impossible!

Doctor 2: I know. But at least it stopped her hiccups.

・hiccups　しゃっくり
・blood test　血液検査
・pregnant　妊娠
・at least　少なくとも、せめて

ある女性が叫びながら病院の診察室から走り出ていきました。

女性： 大変だわ！　大変よ！
不思議に思った医者が、その診察室にいた若い医者に聞きました。
医者1： おい、あの女性はどうしたんだ？
医者2： しゃっくりが止まらないって言うんです。それで血液検査をしました。
医者1： で、どこが悪いんだ？
医者2： 別にどこも悪くないんですよ。それで彼女に、妊娠されていますね、と言ったんです。
医者1： なに⁉　だけど、彼女 72 歳だぞ。そんなわけないだろう！
医者2： ええ、もちろんです。でも少なくともしゃっくりは止まったでしょう。

声に出して実演してみよう！

登場キャラクターの設定

- **女性**＝ちょっと年配の女性。しゃっくりで病院に来るくらいだから、気が小さい人かも。
- **医者１**＝先輩の医者。普通にいい人。
- **医者２**＝若くて冷静。ちょっと意地悪（？）な解決策だけど、なかなか秀逸なので賢いタイプ。

演じわけのコツ

- **女性**＝とにかくパニック状態で、大声で叫びながら頭を抱えて走り去っていく。
- **医者１**＝医者２と対照的にタイプを変えるとよい。医者２が冷静ならば、医者１はテンション高めに質問攻めにする。医者２が楽しそうであれば、医者１は心配そうに話すといい。
- **医者２**＝終始、表情一つ変えずに淡々と話すタイプ、もしくはニヤニヤしながら楽しそうに話すタイプ、というやり方もあり。

18-1 大人になったら

TRACK 18

Son: Hey mom, when I grow up, I want to be a rock star.

Mother: Honey, you only get to choose one or the other.

語句注

- **grow up** 「成長する」「大人になる」という意味。また、大人に対しても、「ちゃんとしなさい(＝しっかりしなさい)」というニュアンスで使われることがある。この場合は、「ロックスターってちゃんとした大人の仕事じゃないわよね」ということを言おうとしている。つまり、growing up と rock star はどちらかにしかなれないから、同時にはなりえないということ。
- **one or the other** 「それかもう一つ」、つまり「どちらか一つ」という意味。

和訳

息子： ねえ お母さん、僕 大人になったらロックスターになるんだ。

母親： あのね、それってどちらか一つしか選べないのよ。

声に出して実演してみよう！

登場キャラクターの設定

●**息子**＝10 歳くらいの純粋な少年。

●**母親**＝ちょっと心配性の母親。

演じわけのコツ

●**息子**＝うれしそうに、楽しそうに。「いいこと思いついた！」という気持ちで勢いよくママに報告している感じで。

●**母親**＝愛しい息子に言い聞かせるように、ゆっくりとはっきりと説得する。

18-2

TRACK 19

大げさなんだから

Son: Mom, I just saw a giant outside of our house! He's 3 meters high and has green teeth!

Mother: I told you a million times not to exaggerate!!

語句注

- giant　巨人、巨大な
- a million times　数百万回
- exaggerate　誇張する、大げさに言う

息子： お母さん、いま家の外で巨人を見たよ！　背は 3 メートルもあって、歯は緑色なんだ！

母親： だからー、物事を大げさに言わないで、って 100 万回は言ってるでしょ！！

に出して実演してみよう！

登場キャラクターの設定

- **息子**＝物事を大げさに言う癖のある子供。
- **母親**＝母親も同様に大げさに言う癖がある。大げさな表現は遺伝したと思われる。

演じわけのコツ

- **息子**＝大きな声で早口で話すと興奮した様子が表現できる。特に green teeth のところは顔をしかめながら、強調して話すと子供らしい。
- **母親**＝少し怒り気味に、やはり大きな声で早口で話すと、結局 親子で似てるね、という雰囲気が伝わる。

18-3 将来の夢

TRACK 20

Son: Dad, should I be a poet or a painter in the future?

Father: A painter, of course!

Son: Really? Did you see some of my work?

Father: No, I read some of your poems.

語句注

- poet 詩人、歌人
- painter 画家、絵描き
- work 「仕事」「作業」などの意味だが、この場合は「作品(＝仕上げた仕事)」

息子： お父さん、僕 将来は詩人になるべきだと思う？　それとも画家？

父親： そりゃもちろん、画家だろう！

息子： 本当？　お父さん、僕の作品を見たの？

父親： いや、お前の詩を読んだんだ。

に出して実演してみよう！

登場キャラクターの設定

●**息子**＝小学生くらいで、父親の意見を聞こうとしている。

●**父親**＝息子に対する評価が厳しい父親。

演じわけのコツ

●**息子**＝絵にも詩にも自信がある。ワクワクしながら父親と話している雰囲気が出るとよい。

●**父親**＝自信満々に画家のほうがよい、詩があまりにもダメだから、と言い切るひどいお父さん。とはいえ、最後まで自身満々を貫くほうが面白い。

19

TRACK 21

おじいさんのアップルパイ

A grumpy old man whom nobody really liked, was very sick and about to die. One day, he called his granddaughter to his deathbed and said,

Old man: Hey, do you smell my favorite apple pie?

Granddaughter: Yes, grandpa. Grandma is baking your favorite apple pie.

Old man: Oh, that's nice. Can you bring me a slice? I would love a bite before I die.

Granddaughter: Sure, grandpa. Just a second.

She came back soon and said,

Granddaughter: Sorry grandpa, grandma said you can't have any. She said it's for everyone at your funeral.

- **grumpy**　気難しい、不機嫌な
- **a slice**　(薄く切った)一切れ。ハムなど比較的薄切りするものを指す。ケーキやパイには a piece や a slice も使う。
- **a bite**　一口、ひとかじり。ちなみに、釣りで、I have a bite. と言ったら、「かかった」「引きがあった」という意味になる。

和訳

誰からも好かれない気難しいおじいさんがとても重い病気になり、亡くなる日が近づいてきました。ある日、おじいさんは孫娘を死の床に呼び寄せて言いました。

おじいさん：　なあ、わしの大好きなアップルパイの匂いがしないか？

孫娘：　うん、おじいちゃん。おばあちゃんがおじいちゃんの大好きなアップルパイ焼いてるんだよ。

おじいさん：　おお、それはいいな。一切れ持ってきてくれないか？死ぬ前にもう一口だけ食べたいなあ。

孫娘：　わかった、おじいちゃん。ちょっと待ってて。

孫娘はすぐに戻ってきて言いました。

孫娘：　ごめんなさい、おじいちゃん、おばあちゃんが食べちゃダメだって。あれはおじいちゃんのお葬式に来てくれる人のためのパイだから、って。

声に出して実演してみよう！

登場キャラクターの設定

●**おじいさん**＝気難しい頑固おやじとして生きてきたけれど、最後は少し気弱になっている。

●**孫娘**＝おじいちゃんを心配するやさしい孫。まだ幼い。

演じわけのコツ

●**おじいさん**＝大好きなアップルパイへの思いを遠い目で表現できると、最後のがっかり感が際立って面白い。ちょっとかわいそうだけれど、弱々しい話し方にするとリアルでいい。

●**孫娘**＝無邪気な幼い少女がおじいちゃんを心配している。最後のセリフは、真意をよくわからないで言っているのかも知れない。目をぱちくりさせて、悪気ない感じで言うとより残酷になるかも。

20 トラに襲われたら…

TRACK 22

A little boy went to a zoo with his father.

Father: Do you know how strong tigers are? They have giant fangs and can gobble you up in one bite.

Son: Really?

Father: Yes, and they can take your head off with one swipe of their massive paws.

Son: Oh, wow.

Father: Right? Tigers are such great animals. Tigers are very strong and ferocious.

Son: Well, daddy, if the tiger broke out of his cage and attacked you ... and maybe ate you ...

Father: Yes, son?

Son: ... Which bus should I take home?

- fangs　牙
- gobble　がぶりと飲み込む
- swipe　大振り、強打
- massive　とてつもなく大きい、多い
- paws　（四つ足哺乳類の）手・足
- ferocious　獰猛な、凶暴な

男の子がお父さんと一緒に動物園へ行きました。

父親： トラがどのくらい強いか知っているか？　巨大な牙があって、お前なんか一口で飲み込んじゃうんだぞ。

息子： 本当に？

父親： ああそうさ、それにお前の頭なんか、どでかい手のひら一振りでもぎ取っちゃうよ。

息子： ええー、うわあ。

父親： 怖いだろ？　トラってのはすごい動物でさ。すごく強くて恐ろしいんだよ。

息子： じゃあさ、お父さん、もしこのトラが檻を破って出てきてお父さんを攻撃して …、そしてもしお父さんを食べちゃったとしたら …

父親： うん、もしそうなったら？

息子： … 僕、どのバスに乗って帰ったらいいの？

声に出して実演してみよう！

登場キャラクターの設定

●**息子**＝純粋な男の子。強くて恐ろしいトラにお父さんが襲われたらどうしよう、と心配している…、ようで自分の帰り道のほうが気になっている現実的な子。

●**父親**＝なぜか熱烈にトラ自慢をし、子供を怖がらせている。

演じわけのコツ

●**息子**＝最後の最後まで、小さな声、両手を組む、口に手をやる、などトラを恐れている様子で、父親がトラの恐ろしさを話すたびに驚き恐れおののく。背の高い父親を見上げるように目線は上へ向けて。「もしこのトラが檻を破って…」のセリフはとてもゆっくりと、何かを考えながら話す様子が出るといい。最後のパンチラインは、打って変わって軽く明るく、もしくはとても怖そうに（つまり、トラより父親の死より道に迷うことが一番怖いかのように）、言うなど工夫したい。

●**父親**＝とても偉そうに大きな声でトラの恐ろしさを子供に言って聞かせる。トラのジェスチャーを交えながら、子供を怖がらせて威張っているお父さん。最後のセリフだけは、子供がお父さんが死んじゃったらイヤだ！と泣き出すことを予想して、かがみこんでやさしい声を出すといい。背の低い子供に向かって話しているので、目線は下向きで。

21 長生きしたい

TRACK 23

A man came into a doctor's office and asked.

Patient: I'm 40 years old and I want to live 50 more years. What can I do to improve my lifestyle to live longer?

Doctor: Hmm. I see. Tell me how you live your life.

Patient: Well, I don't drink alcohol, I don't smoke, I don't eat any sweets, I don't stay up late, I don't have a wife or any children to worry about, and I don't have any friends, or even a girlfriend to give me stress.

Doctor: Hmm. I don't see why you would want to live 50 more years.

語句注

- **doctor's office**　医院、クリニック。英語では、いわゆる総合病院のことをhospital といい、町の専門医院のことを clinic、またはより一般的には doctor's office という。
- **improve**　より良くする、向上させる
- **stay up**　夜遅くまで起きている

ある男がクリニックへやってきて聞きました。

患者： 私は40歳なんですが、あと50年は生きたいと思っているんです。長生きできるようライフスタイルを向上させるにはどうしたらいいですか？

医者： うーむ。なるほど。ではどんなふうに生活しているのか教えてください。

患者： そうですね、お酒は飲みませんし、タバコも吸いませんし、甘いものも食べませんし、夜ふかしもしませんし、心配しなきゃいけない嫁も子供もいませんし、友人もストレスになるような彼女だっていません。

医者： うーん。あなたがなぜあと50年も生きたいのかさっぱりわかりませんね。

に出して実演してみよう！

登場キャラクターの設定

●**患者**＝神経質で自己中心的ながめつい人。どうしても長生きしたい。

●**医者**＝普通の町医者。

演じわけのコツ

●**患者**＝ちょっと変わり者なので、変わった癖やジェスチャーがあるとキャラクターの設定がしやすくなる。やたら頭をかきながらしゃべる、人差し指を上下に振りながらしゃべる、両腕を回しながらしゃべる、など自由に考えてみよう。少し落ち着きのない、わがままっぽい感じが出るジェスチャーがいい。

●**医者**＝あきれたようにさらりと一言。

22 競争相手

TRACK 24

Three men went out hunting together. When they were in the woods, they encountered a bear.

Man1: Oh, no! What should we do? Should we shoot the bear?

Man2: I don't know if these guns will kill him. I think we'll only get him super mad.

Man3: Maybe we should climb that tree?

Man2: Bears are really good at climbing!

Man1: Then what should we do?

Man2: We should probably just run away.

Man3: What? Bears run really fast. They're way faster than us.

Man2: I know. I don't have to run faster than the bear. I just need to run faster than you two.

- **hunting**　狩り、ハンティング
- **woods**　森。forest よりも規模が小さいもの。
- **encounter**　ばったり出くわす、偶然出会う

和訳

三人の男が一緒にハンティングに出かけました。すると、森の中でクマに出会ってしまいました。

男1: なんてことだ！　どうしよう？　クマを撃つか？
男2: この銃でクマを殺せるかどうかわからないよ。むちゃくちゃ怒らせるだけじゃないかな。
男3: あそこの木に登るか？
男2: クマは木登りすごく得意なんだぞ！
男1: じゃあどうするよ？
男2: ただみんなで走って逃げるべきだと思う。
男3: なんだって？　クマは走るのほんとに速いんだぞ。俺らよりずっと速いぞ。
男2: わかってるよ。クマより速く走る必要はない。お前ら二人より速く走れればいいんだ。

声に出して実演してみよう！

登場キャラクターの設定

●**男 1**=20 代〜 40 代の男性。
●**男2**=20 代〜 40 代の男性。他の二人より悪知恵が働く。そしてたぶん足が速い。
●**男3**=20 代〜 40 代の男性。

演じわけのコツ

●**男 1**＝クマに突然出くわして、少々パニック状態になっている。クマにバレないよう、小さめの声で話すが、興奮状態なので、目を見開き気味にする。
●**男2**＝他の二人よりも、いたって冷静。自分の中にすでに解決策はあるから、落ち着き払って二人を説き伏せるように静かに話す。最後のセリフだけ、怖い笑顔でもいい。
●**男3**＝男１と同じように、恐れおののきながらも、小さな声で何とか状況を打開しようと案を投じる。

23 三姉妹

Three sisters, aged 92, 94, and 96 were living together. One night, the 96-year-old sister was about to take a bath. She put one foot in and paused.

96-year-old sister: Was I getting into the tub or out?

The 94-year-old sister said,

94-year-old sister: I don't know, I'll come up and see.

She started going up the stairs, then paused.

94-year-old sister: Was I going up the stairs, or down?

Then the 92-year-old sister said,

92-year-old sister: Oh, I hope I never get that old and be forgetful.

She knocked on wood for good measure.

92-year-old sister: Alright, I'll come up and help both of you as soon as I see who is at the door.

- pause　中断する、いったん止まる
- tub　バスタブ、湯船
- knock on wood　悪いことが起こらないように行なうおまじない。机や椅子などの木製品を握りこぶしでコンコンと叩く。
- for good measure　念のために、追加で

和訳

92 歳、94 歳、96 歳の三姉妹が一緒に暮らしていました。ある晩、96 歳の長女がお風呂に入ろうとしました。片足を湯船に入れたところでふと止まりました。

96 歳の長女：　あたしったらお風呂に入ろうとしていたんだっけ、出ようとしていたんだっけ？

94 歳の次女が言いました。

94 歳の次女：　わからないわよ、いま上がって行って見てあげる。

そして階段を上ろうとしたところで、ふと止まりました。

94 歳の次女：　あたしったら階段を上ろうとしていたんだっけ、下りようとしていたんだっけ？

すると 92 歳の三女がこう言いました。

92 歳の三女：　あーもう、あんなふうに年とって忘れっぽくはなりたくないものね。

そしてさらに、おまじないで木のテーブルをコンコンと叩きました。

92 歳の三女：　わかったわよ、玄関に誰が来たのか見たらすぐに二人を助けに行ってあげるからね。

声に出して実演してみよう！

登場キャラクターの設定

- **96 歳の長女**＝少し体も心も弱りつつある老婆。
- **94 歳の次女**＝長女より若干若いが、やはり体も心も弱りつつある老婆。
- **92 歳の三女**＝さらに若干若いが、同じく体も心も弱りつつある老婆。要するに、三人ともそれほど変わらない。結局、90 歳過ぎると２～４年はほとんど誤差であるということ。

演じわけのコツ

- **96 歳の長女**＝自分が何をしようとしていたのか忘れてしまったので、困っている。困惑しつつ、階下の妹に大声で話しかけている。少しゆっくりめの話し方で、いかにも年配女性という感じが出るとよい。
- **94 歳の次女**＝基本的には長女と同じ。階下の妹に大声で助けを求める。
- **92 歳の三女**＝自分より年上の姉二人の忘れっぽさに少々あきれた様子で、ちょっと偉そうな言い方をする。姉二人よりは はきはきとした口調でしっかりしているようだが、結局は自分で叩いたテーブルの音を玄関先に誰かが来てドアをノックしたのだと勘違いするくらい、忘れっぽい。

24 おばあちゃんの運転

TRACK 26

An old lady was driving her car very slowly. A police officer spotted her and pulled her over.

Police officer: Excuse me, ma'am, but you're driving way too slowly! This can be dangerous. And … , oh, you have two other friends in the back seat. They look terrified. Are they OK?

Old lady: Sure, officer, but I was only going the speed limit. Don't you see that sign right there? It says 22.

Police officer: Ma'am, it means this is Highway 22. It's not the speed limit.

Old lady: Oh, I see! I didn't know that.

Police officer: By the way, are your friends OK? Their faces look totally white.

Old lady: They're fine. It's just … , we just came from Highway 188.

語句注

- **spot**　この場合は動詞で、「見つける」「見抜く」などの意味。「汚す」という意味もある。名詞としては、「点」「汚れ(しみ)」「地点(場所)」「ぶち(柄)」などの意味がある。
- **pull over**　道路脇に寄せる
- **speed limit**　制限速度
- **sign**　看板、標識
- **white**　「恐怖や驚きで顔が真っ青になる」という状態を英語では「真っ青」ではなく white（真っ白）もしくは pale（青白い）と言う。

和訳

あるおばあちゃまがとてもゆっくりと車を運転していました。それを見つけた警察官が車を道路脇に寄せるように言いました。

警察官：　すみませんがね、あなたの運転はえらくゆっくりすぎなんです！　ちょっと危険ですね。それに…、えーと、後部座席にお友達がお二人いますね。なんだかおびえた顔していますが。大丈夫ですか？

年配の女性：　もちろんよ、でも私、制限速度どおりに走っていただけなのよ。あそこの標識見えるでしょ？　22 って書いてあるでしょう。

警察官：　あれは国道 22 号線という意味ですよ。制限速度ではありません。

年配の女性：　あらまあ！　知らなかったわ。

警察官：　ところで、あなたのお友達は大丈夫ですか？　お顔が真っ青ですが。

年配の女性：　大丈夫よ。ただちょっと…、いま国道 188 号線を走ってきたところだから。

声に出して実演してみよう！

登場キャラクターの設定

●**警察官**＝すごく真面目でまともな警察官。

●**年配の女性**＝悪気のない、ちょっととぼけた感じのお年寄り。

演じわけのコツ

●**警察官**＝終始、お年寄りの運転が危なっかしいことを心配している。相手が運転席に座っているので、少し腰をかがめて車の窓から中をのぞきこむような姿勢と視線で話すと設定がわかりやすい。最後のセリフは、後部座席をさらにのぞきこむような姿勢で、心配そうな表情を見せながら話しかける。２２という数字が制限速度ではないことについては、少し笑顔を見せながら、やさしく言い聞かせるように。そうすると、かわいらしくて弱々しいと思っていたおばあちゃんが実はワイルドな人だとわかったときとのギャップが楽しめる。

●**年配の女性**＝終始、穏やかな笑顔でゆっくりと上品なしゃべり方をすると、時速 188 キロで飛ばしていたこととのギャップが出て面白い。

25 おじいさんのお金

TRACK 27

There once was a stingy, old rich man whom nobody really liked. The man was very sick and he was about to die. One day, he called his wife to his deathbed and said,

Husband: When I die, I want all my money to be put in my casket and burned with me. I want to take it all with me!

Wife: But sweetie, you have a lot of money.

Husband: Yes, I know! But I don't want to give it to anybody!

Wife: OK, I understand. I will do as you've asked.

The next day, he passed away. His wife put a big envelope in his casket.

Wife: Good bye, my sweet. Here's a check for all your money in the bank.

語句注

・**stingy**　ケチくさい、みみっちい
・**deathbed**　臨終、死の床
・**casket**　棺桶、ひつぎ
・**check**　この場合は「小切手」

和訳

あるところにみんなにきらわれているケチで裕福な老人がおりました。その老人は重い病気にかかっており、もう間もなく亡くなるところです。ある日、老人は妻を臨終の床に呼んで言いました。

夫：　私が死んだら、私のお金を全部 棺桶に入れて一緒に焼いてほしい。お金はすべて一緒に持っていきたいのだよ！
妻：　でもあなた、ずいぶんたくさんあるのよ。
夫：　ああ、わかっているよ！　でも誰にもあげたくないんだ！
妻：　はい、わかりました。おっしゃるとおりにしますわ。

翌日、老人は亡くなりました。妻は棺桶に大きな封筒を入れました。

妻：　さようなら、あなた。銀行にあるあなたのお金すべての金額が書かれた小切手をここに入れておくわね。

に出して実演してみよう！

登場キャラクターの設定

●**夫**＝典型的な、ケチでお金持ちの機嫌が悪い老人。

●**妻**＝長年ケチな夫に仕えてきた従順な妻。

演じわけのコツ

●**夫**＝もう死が近いので苦しそうな声で、でもしっかりと意思の強い言い方で話す。布団に寝ているので、目線をしっかりと上げて妻に対して鋭い目つきを向けるといい。

●**妻**＝何を言われても感情的になることなく、冷静に穏やかに対応する。最後のセリフまで笑顔でやさしい声で通したほうが、腹黒さが浮き立っていいかも知れない。

26

TRACK 28

タイタニックの乗船客

The Titanic ran into an iceberg and was about to sink into the ocean. The captain tried frantically to have all the men jump into the water. To the British he said,

Captain: If you are a true gentleman, you will jump into the Sea.

Then all the British jumped in. To the Italians he said,

Captain: Oh, no! There's a beautiful woman drowning in the water!

Then all the Italians jumped in. To the Germans he said,

Captain: I order you to jump in!

Then all the Germans jumped in. To the Americans he said,

Captain: If you jump in the water, you'll be a hero!

Then all the Americans jumped in. To the Japanese he whispered,

Captain: Look, everybody else is jumping in the water.

Then all the Japanese jumped in.

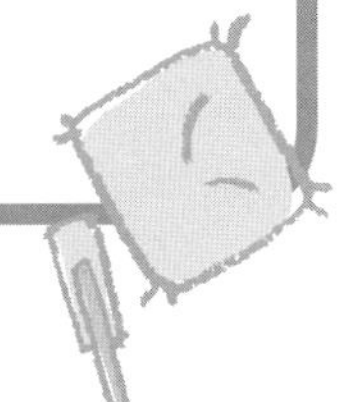

語句注

- Titanic　タイタニック号（有名な豪華客船の名前）。いくつかの港に立ち寄りながら長距離の旅をする船。
- iceberg　氷山
- sink　沈む
- frantically　必死に
- drown　おぼれる
- whisper　ささやく、こそっと伝える

和訳

タイタニック号が氷山にぶつかり、海に沈もうとしています。タイタニックの船長は必死に、すべての男性の乗船客に海に飛び込んでもらおうとしています。イギリス人にはこう言いました。

船長：　本当の紳士であれば飛び込むでしょう。

すると、イギリス人はみんな飛び込みました。イタリア人にはこう言いました。

船長：　大変だ！　美女がおぼれている！

すると、イタリア人はみんな飛び込みました。ドイツ人にはこう言いました。

船長：　これは命令だ！

すると、ドイツ人はみんな飛び込みました。アメリカ人にはこう言いました。

船長：　飛び込めば英雄になれますよ！

すると、アメリカ人はみんな飛び込みました。日本人にはこうささやきました。

船長：　ほら、他の皆さんは飛び込んでいますよ。

すると日本人はみんな飛び込みました。

声に出して実演してみよう！

登場キャラクターの設定

●各国のステレオタイプを使ったジョーク。もっと国の数を増やして、例を足しても面白い。あまり差別的な印象を与えないように、あくまでステレオタイプなので、その枠をはみ出さないように。

演じわけのコツ

●イギリス人には背筋をスッと伸ばして右手を左胸の少し下あたりに当て、上品に力強く話しかける。イタリア人には両手をばたつかせたあと 遠くを指差して大騒ぎしながら叫ぶ。ドイツ人には軍人のように右手を額にビシッと当てて胸を張り厳しい表情で命令する。アメリカ人には少々挑発的な言い方でけしかけるように言う。日本人には口の横に手を当てて小さな声でこっそりささやく。

TRACK 29

27 釣り人のプライド

A man was going fishing.

Husband: Honey, I will bring tons of trout for dinner tonight!

Wife: Great, sweetie! I'm looking forward to it!

Later that evening ...

Husband: Oh, no ... I couldn't catch anything today ... I don't know what to say to my wife. She's waiting for some fish to cook for dinner tonight ... Well ... , I guess I have to buy some fish at the store. Excuse me, I would like to buy, um, six big trout please!

Clerk: Oh, hello, sir. Are you on your way back from fishing?

Husband: Well, yes.

Clerk: Then you should buy four of these nice red snappers.

Husband: ...Why??

Clerk: Well, your wife came by earlier and said, if a man stops by on his way back from fishing asking for trout, tell him that his wife prefers red snapper tonight.

語句注

- **tons of ~**　たくさんの ~。tons は「何トンもの(=たくさん)」という意味からきている。
- **trout**　マス。rainbow trout はニジマス。
- **guess**　~だろうなあ、~と思う。think よりも弱い。もしくは自信や根拠がないときに使う。
- **red snapper**　キンメダイ

和訳

ある男性が釣りに行きました。

夫： おい、今夜の夕食にマスをたくさん釣ってくるからな！

妻： すごいわ、あなた！　楽しみに待っているわね！

その晩遅く…

夫： しまった … 今日は何も釣れなかったな … 嫁になんて言ったらいいんだ。今夜の夕食に料理する魚を待ってるんだよなあ … じゃあ、店で何か魚を買っていくしかないな。すみません、えーと、大きいマスを６匹買いたいんですが！

魚屋： ああ、いらっしゃませ。釣りの帰りですか？

夫： ええ、まあ。

魚屋： じゃあね、このいいキンメダイを４匹買うべきだと思いますよ。

夫： … なんでです？

魚屋： あのですね、少し前にあなたの奥さんが立ち寄って、もし釣り帰りの男性がやってきてマスを買おうとしたら、奥さんは今夜はキンメダイのほうがいいって思っていると伝えてくれと言ったんですよ。

声に出して実演してみよう！

登場キャラクターの設定

●**夫**＝釣りの腕前に自信がある男性。

●**妻**＝夫の釣りの腕前をあまり信じていない女性。要領がよく、賢い。

●**魚屋**＝下手な釣り人が帰り道にやってくることに慣れている。

演じわけのコツ

●**夫**＝最初は張り切って笑顔で手を振って家を出ていく。釣り竿を肩に、釣り道具を手にして出かけるジェスチャーを。帰り道は打って変わって、猫背で釣り道具を重そうに持っているしぐさをする。魚屋の問いかけにはうなだれたまま、目線だけを上向きにして、疑り深い顔つきで対応するといい。

●**妻**＝とにかく明るく、本当に楽しみにしているという笑顔で、大きく手を振って夫を送りだす。その後 魚屋にキンメダイをお願いしに行くわけだが、そんなことはおくびにも出さないほうがいい。

●**魚屋**＝よくあることなので、冷静に淡々と対応する。忙しそうに魚をさばいたり、バケツの水を運んだりしているジェスチャーを交えながら、キンメダイを指して「これを買いなさい」と指示をする。魚屋らしく、威勢のいい大きな声ではきはきと元気よく話すと雰囲気が出る。

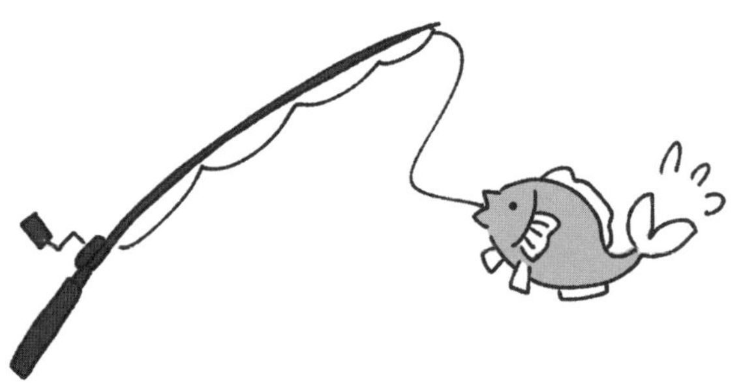

28 お母さん、またね！

TRACK 30

A man went to a grocery store to get some milk and saw an old lady looking very sad.

Man: Excuse me, are you OK?

Old lady: Oh, thank you. I just lost my son. He's about your age. In fact, you look a little bit like him.

Man: I'm very sorry to hear that.

Old lady: I know it's really silly, but when I go, could you just wave at me and say "Bye mom, see you later!" ... It would make me feel very happy.

Man: Of course!

So, as she was leaving the store, the man said,

Man: Bye mom! See you later!

He waved at her, and she waved back then went home.

Man: OK ... , I should go home, too. ... Hi, here it is.

The cashier said,

Cashier: OK, so your total is 152 dollars.

Man: What!? For a milk?

Cashier: Well, your mother said you will pay for her groceries.

語句注

- **grocery store**　食料品店、スーパーマーケット
- **lost**　lose（失う）の過去形。この場合は「亡くなった」という意味。
- **a little bit**　ほんのちょっとだけ
- **silly**　バカバカしい
- **wave**　手を振る
- **cashier**　レジ係
- **groceries**　食料品の買い物

和訳

ある男性が牛乳を買いにスーパーへ行くと、年配の女性がとても悲しそうな顔をしていました。

青年： すみません、大丈夫ですか？

年配の女性： あら、ありがとう。私、息子を亡くしたばかりで。ちょうどあなたくらいの年齢でね。本当にあなた、あの子に少し似ているわ。

青年： それはお気の毒に。

年配の女性： ずいぶんバカバカしいと思うでしょうけれど、私が帰るときにちょっと手を振って「じゃあ お母さん、またね！」と言ってくださる？　そうしたら とても幸せな気持ちになれると思うの。

青年： もちろんですよ！

そして、その女性がスーパーを出るときに、男性はこう言いました。

青年： じゃあ お母さん、またね！

男性は彼女に手を振り、彼女もまた手を振って帰っていきました。

青年： さ…、俺も帰るか。…これ、お願いします。

するとレジの人が言いました。

レジの人： はい、それでは合計で 152 ドルになります。

青年： なんだって⁉　牛乳１つで？

レジの人： だって、あなたのお母さまがご自分の分は息子が払いますって言いましたよ。

声に出して実演してみよう！

登場キャラクターの設定

●**青年**＝気のいい、溌剌（はつらつ）とした青年。

●**年配の女性**＝見た目は弱々しい女性だが、実は腹黒いおばあさん。

●**レジの人**＝青年と年配女性のやりとりを知らないので、ごく普通に対応をする店員。

演じわけのコツ

●**青年**＝やさしい声で年配の女性に話しかける。相手の肩をポンポンと叩くなど、配慮のあるジェスチャーを加えるとより効果的。相手を自分よりぐっと背の低い女性と仮定し、目線を下にする。「じゃあ お母さん、またね！」のセリフのあとは、元気いっぱいに手を振る。ナレーション部分がなくても、動きだけで表現できる。

●**年配の女性**＝最初から最後までちょっと悲しそうな天使の笑顔で通すこと。相手の同情を十分に得られるよう、小さめの声、遠慮がちな話し方、相手を見上げるような目線…にすると、彼女の悪さがあとで引き立つ。

●**レジの人**＝パンチラインを言う大事な役割でありながら、本人は事の重大さを知らず悪気がないので、シレっとさらっと言うといい。

29 砂漠のオアシス

TRACK 31

A man was lost in the desert.

Man: I'm thirsty. I need some water! ... Oh, how lucky! There's a small shop in the middle of the desert! Excuse me, I need some water!

The shop manager said,

Shop manager 1: I'm sorry, we only sell neckties here.

So the man kept walking.

Man: I'm so thirsty. I really need some water! ... Oh, there's another small shop in the middle of the desert! Excuse me, I need some water please!

The shop manager said,

Shop manager 2: Sorry, but we only sell jackets here.

So the man kept walking.

Man: Oh, I think I'm going to die soon ... Ah! There's a fancy restaurant! They have to have water! Excuse me! I really would like some water please!

The doorman of the restaurant said,

Doorman: I'm very sorry Mr., but we require formal wear for our customers at this restaurant. You need to have a necktie and a jacket for you to come in.

語句注

・**in the middle of ～**　～のど真ん中に、この場合は「何もないようなところに」というニュアンスが入っている。同様のニュアンスで、in the middle of nowhere（何もないところに、人里離れたところに）という表現がある。

・**require**　義務づける

・**formal wear**　フォーマルな服装、正装。正装は文化によって異なるので、タキシードにネクタイだけが正装とは限らない。日本ならば家紋付きの着物や袴羽織が正装となるし、スコットランドの男性のキルトやインドの女性のサリーなど、多種多様。今回の場合は、ネクタイにジャケットを正装としている。

和訳

一人の男が砂漠でさまよっています。

男： のど渇いたなあ。水が欲しい！… お、運がいいぞ！　砂漠の真ん中だというのに、小さな店がある！　すみません、水が欲しいのですが！

するとその店の店長が言いました。

店長 1： 申し訳ないのですが、ここではネクタイしか売っていないのです。

仕方なく男は歩き続けます。

男： ひどくのどが渇いたなあ、本当に水がないと！… お、また砂漠の真ん中に小さな店があるぞ！　すみません、お願いです、水が必要なんです！

その店の店長は言いました。

店長 2: ごめんなさい、ここにはジャケットしか売っていないのです。

それで、男は歩き続けました。

男： もう、そろそろ死んじゃうよ … ああ！ いい感じのレストランがあるぞ！ 絶対、水あるだろう！ すみません！ お願いです、本当に水が欲しいんです！

するとレストランのドアマンが言いました。

ドアマン： お客様、大変申し訳ございませんが、当店ではお客様に正装をお願いしております。ご入店いただくには ネクタイとジャケットが必要でございます。

声に出して実演してみよう！

登場キャラクターの設定

●**男**＝なぜか砂漠を一人でさまようはめになった男。水が必要。

●**店長 1**＝冷静で冷淡な店長。

●**店長2**＝冷静で冷淡な店長。

●**ドアマン**＝高級レストランのドアマンらしく丁寧で紳士的だが、ルールに厳しい。

演じわけのコツ

●**男**＝水がなくてだんだん弱っていく様子が表現できるといい。暑い砂漠なので額の汗を拭きながら、水を懇願するように注文する。最後の please! は、もはや悲痛な叫び。

●**店長 1**＝砂漠の真ん中にある特殊な店とは思えないほど、普通の店長。街中のコンビニでバイトしている人くらいの普通さで、死にそうな客に接すると面白い。ちょっと申し訳なさそうに苦笑いで対応するか、逆に満面の営業スマイルで対応してもいいかも知れない。

●**店長2**＝店長 1 と同様に、客の心配は一切しない店長。店長 1 とまったく同じキャラクターでもいいし、全然異なるキャラクターでもいい。

●**ドアマン**＝話し方はゆったりと、とても丁寧で洗練されている感じにする。しかし、ルールは決して曲げないという強い意志を感じるしっかりとした話し方がいい。

30 クイズ合戦

TRACK 32

Friend 1: Hey, let's play a game. I'll ask you a question and if you can't answer that, you pay me 500 yen. Then you ask me a question and if I can't answer, I'll pay you 500 yen.

Friend 2: Hmm. That's not fair. You're smarter than I am. You're going to get all my money.

Friend 1: You're right. OK, fine. What if you pay me 500 yen when you can't answer my question, and I pay you 10,000 yen when I can't answer your question?

Friend 2: That sounds fair to me.

Friend 1: Good. Then I go first. "What's the distance between the sun and the moon?"

Friend 2: Ah, I don't know... . Alright, here's your 500 yen. Now it's my turn. "What goes up the hill with three legs and comes down with four legs?"

Friend 1: Uh ... , wow, well ... , gee, I don't know... . I guess I have to pay you 10,000 yen ... .

Friend 2: Thanks. Now we're even at one game each, right?

Friend 1: OK, you win. But really, what's the answer to that question?

Friend 2: Oh, I don't know. So, here's your 500 yen.

- **my turn** 私の順番
- **we're even** お互い様、引き分け、同等

和訳

友人 1： おい、ゲームしようぜ。俺が問題を出してお前が答えられなかったら、お前が俺に 500 円払う。で、お前が俺に問題を出して俺が答えられなかったら、俺がお前に 500 円払う。

友人 2： うーん。それはずるいよ。だってお前のほうが頭いいじゃん。お前にお金 全部取られちゃうよ。

友人 1： それもそうだな。よし、わかったよ。俺の問題にお前が答えられなかったら お前は 500 円払って、お前の問題に俺が答えられなかったら 俺は 1 万円払う、ってのでどうだ？

友人 2： それなら公平だ。

友人 1： よし。じゃあ俺からな。「太陽と月の間の距離は？」

友人 2： ええ、知らないよ…。わかった、ほら 500 円払うよ。じゃあ僕の番ね。「丘を上がるときは 3 本足で、降りてくるときは 4 本足ってなんだ？」

友人 1： えーと、うわ、うーん …、ええーっ、わからないな …。仕方ない 1 万円払うか …。

友人2： ありがとね。これで1問ずつ引き分けだね？

友人1： わかった、お前の勝ちだよ。でも本当に、さっきの問題の答えってなんなの？

友人2： え、知らないよ。じゃあ はい、500円払うね。

声に出して実演してみよう！

登場キャラクターの設定

- **友人1**＝勉強ができる、成績が良いタイプの賢い青年。
- **友人2**＝成績はそれほど良くないけれど、機転が利くタイプの賢い青年。

演じわけのコツ

- **友人1**＝基本的には自分のほうが賢いと思っているので、上から目線で相手を見下ろすように堂々と話すといい。腕を組む、腰に手を当てる、などちょっと威張っているのがわかりやすい態度で。答えがわからなくてしぶしぶ1万円払う場面だけは、ちょっとしおらしく悔しそうな表情になるが、最後にはまた復活して偉そうにするとオチがより活きる。
- **友人2**＝前半は相手を少し見上げるように低姿勢で、自信なさげに話す。後半はだんだんと堂々とした話し方にする。いつも威張っている相手をこらしめてやろうという計画が上手くいったわけだから、最後の500円渡す場面は満面の笑みがいいかも知れない。

〈付録 1〉
英語で
なぞなぞ

Q: Why ten is afraid of seven?

A: Because seven ate nine.

[問題] どうして10は7を怖がるのでしょうか？

[答え] 7が9を食べたから。

*数字の8は、発音が「食べる」の過去形 ate にとても似ています。

Q: What do you get when you throw butter out of a window?

A: Butterfly.

[問題] バターを窓の外に放り投げたらどうなるでしょうか？

[答え] チョウチョウになる。

*バター (butter) が飛んで行ってフライ (fly) するから、バターフライ (蝶々) となるわけです。

Q: A man rode his horse to town on Friday. The next day he rode back on Friday. How is this possible?

A: The horse's name was Friday.

[問題] ある男性が金曜日に馬に乗って町まで行きました。翌日彼は金曜日に乗馬して帰ってきました。どうしたらこんなことができるのでしょうか？

[答え] 馬の名前が金曜日（フライデー）だった。

*前半のフライデーは金曜日を、後半のフライデーは馬の名前を指しています。ちょっと珍しい名前ですが、女性の名前として使われます。

Q: What are three steps to put an elephant in a refrigerator?

A: Open the door, put the elephant in, close the door.

Q: What are four steps to put a giraffe in a refrigerator?

A: Open the door, take the elephant out, put the giraffe in, and close the door.

Q: The lion, king of the jungle announced that all of the animals should gather for the annual meeting. Who was absent?

A: Giraffe (He was in the refrigerator).

Q: You have to cross a river where crocodiles live in. How do you do that?

A: Just swim. The crocodiles are gone to the lion's meeting.

［問題］ゾウを冷蔵庫に入れる3つのステップは何でしょうか？

［答え］①冷蔵庫のドアを開ける。②ゾウを入れる。③ドアを閉める。

［問題］キリンを冷蔵庫に入れる4つのステップは何でしょうか？

［答え］①冷蔵庫のドアを開ける。②ゾウを取り出す。③キリンを入れる。④ドアを閉める。

［問題］ジャングルの王、ライオンがすべての動物たちに年に一度の会議に集まるよう命じました。欠席したのは誰でしょうか？

［答え］キリン（冷蔵庫の中だから）

［問題］あなたはワニが棲む川を渡らなければなりません。どうしたらよいでしょうか？

［答え］ただ泳げばいい。ワニはライオンの会議に出席していていないから。

＊難しく考えずシンプルに答えればいいという、ちょっと肩すかしを食うような変わったタイプのなぞなぞですね。

〈付録 2〉
自分で小噺を
作ってみよう

作ってみよう では、例を参考に、自分オリジナルのアイディアを考えて下線部分に書いてみましょう。

1 チャレンジ

何事も一生懸命チャレンジするのはいいことです。たとえ一度や二度では上手くいかなくても、あきらめずにチャレンジし続けることが大事です。この小噺は、結局できてないじゃん！というオチですが、何度失敗してもあきらめない強いポジティブな気持ちが感じられます。大人なら禁酒や禁煙などがすぐに思い当たるところですが、内容をいろいろ考えて入れ替えてみましょう。

例 1

A: I cannot stop eating. How do I succeed?

B: That's easy! Ask me anything. I've done it seven times in the past already.

A: 食べるのやめられないんだよな。（ダイエットしたいんだけど、）どうやったら成功する？

B: そんなの かんたんだよ！ 何でも聞いてくれ。過去にもう7回もやってるんだから。

例 2

A: I cannot pass this exam. How do I succeed?

B: That's easy! Ask me anything. I've tried it seven times in the past already.

A: この試験どうしても受からないんだよな。どうやったら成功するんだろう？

B: そんなの かんたんだよ！ 何でも聞いてくれ。過去にもう7回もチャレンジしてるんだから。

作ってみよう

A: I cannot ________________. How do I succeed?

B: That's easy! Ask me anything. I've tried [done] it seven times in the past already.

2 意味ないじゃん

思わず、そんなの意味ないじゃん、とツッコミたくなる … そんなナンセンスなミニ小噺。モノを変えて自分オリジナルの小噺を作ってみましょう。

例 1

Receiver: Hey, you made a really nice bookshelf the other day for me, but it broke already.

Giver: What!? No way! No, wait. You didn't put anything on it, did you??

もらった人： ねえ、この間すごくいい本棚作ってくれたけど、もう壊れちゃったのよ。

あげた人： なんだって⁉　そんなはずないよ！　ちょっと待てよ。まさか、何かモノを置いたんじゃないだろうね？？

例 2

Receiver: Hey, you made some very nice chocolate chip cookies the other day for me, but I really got sick next day.

Giver: What!? No way! No, wait. You didn't actually eat them, did you??

もらった人： ねえ、この間すごくおいしいチョコチップクッキー作ってくれたけど、次の日すごく具合が悪くなっちゃったんだよね。

あげた人： ええっ⁉ そんなはずないわ！ あれ、ちょっと待って。まさか、本当に食べたんじゃないでしょうね？？

例3

Receiver: Hey, that umbrella you made for me the other day was beautiful, but it fell apart really quickly.

Giver: What!? No way! No, wait. You didn't actually use it in the rain, did you??

もらった人： あのね、この間すごくすてきな傘作ってくれたけど、もうあっという間にボロボロになっちゃったの。

あげた人： なに⁉ そんなバカな！ ちょっと待って。まさか雨が降っているときに使ったんじゃないだろうね？？

作ってみよう

Receiver: Hey, ______________________________

______________________________.

Giver: What!? No way! No, wait. You didn't _____

______________________, did you??

3 あわてんぼう

あきれるほどにそそっかしい人は、世界中どこにでもいますし、いつだって物笑いの種です。日本でも粗忽者として落語などにもよく登場します。古典的な三段落ちのスタイルに沿って内容をアレンジしてみましょう。

例 1

A man was having a cup of coffee in a coffee shop.
Suddenly a man walked in and said,

Man 1: Hey, Steve, your girlfriend is outside calling for you!

Man 2: What!? Really!? Thanks!

He run outside and stopped.

Man 2: Wait ... ! I don't have a girlfriend!

So he walked back in the coffee shop and sat down.
Then another man came in the shop and said,

Man 3: Hey, Steve, your house is on fire!

Man 2: What!? Really!? Oh, no!

He started running toward his house and stopped.

Man 2: Wait ... ! I don't have a house!

So he walked back in the shop and sat down again.
Then another man came in the shop and said,

Man 4: Hey, Steve ... !

Man 2: Wait ... ! My name is not Steve!

一人の男がコーヒーショップでコーヒーを飲んでいます。突然入ってきた男がこう言いました。

男 1: おい、スティーブ、お前の彼女が外でお前を呼んでいるぞ！

男 2: なんだって !? 本当か !? ありがとう！

男は外へ走り出てふと思いました。

男 2: 待てよ …！ 俺って彼女いないじゃん！

男はコーヒーショップに戻って、座りました。すると別の男が駆け込んできて言いました。

男 3: おい、スティーブ、お前の家が火事だぞ！

男 2: なんだって !? 本当か !? そりゃ大変だ！

男は家に向かって走り出しましたが、ふと立ち止まりました。

男 2: 待てよ…！ 俺、家なんか持ってないじゃん！

男はまたコーヒーショップに戻って、座りました。するとまた別の男がやってきて言いました。

男 4: おい、スティーブ …！

男 2: 待てよ…！ 俺の名前、スティーブじゃなかった！

ヒント

どんな事件があったらお店を飛び出すほど驚くのか、そしてその事件が根本的に自分には起こりえないことであるとすれば？と考えて会話部分の内容を入れ替えてみましょう。ここにいくつか例を挙げてみます。

例 2

A: Hey, somebody bumped into your car.

B: What!? No, wait. I don't have a car.

A: おい、お前の車ぶつけられたみたいだよ。

B: 大変だ !? いや待てよ。俺、車持ってないや。

例 3

A: Hey, your grandmother is in emergency room.

B: Oh, no!! No, wait. My grandma passed away last year.

A: ねえ、おばあちゃんが救急車で運ばれたらしいわよ！

B: やだ、大変！！ あら、ちょっと待って。おばあちゃんって去年亡くなったんだったわ。

例 4

A: Hey, your wife was really mad and said come home now.

B: Oops! No, wait. I'm not married.

A: おい、お前の奥さんがすごい怒ってて いますぐ家に帰って来いって言ってるぞ。

B: しまった！ いや待てよ。俺、結婚してないじゃん。

例 5

A: Hey, you are late for work.

B: Oh, no! No, wait. I don't have a job now.

A: おい、仕事に遅れるぞ。

B: しまったぁ！　え、ちょっと待って。私ったらいま無職じゃない。

作ってみよう 1

A: Hey, ______________________________.

B: What!? [Oh, no!! ／ Oops!] No, wait. ________ ______________________.

作ってみよう 2

A: Hey, ______________________________.

B: What!? [Oh, no!! ／ Oops!] No, wait. ________ ______________________.

作ってみよう 3

A: Hey, ______________________________.

B: What!? [Oh, no!! ／ Oops!] No, wait. ________ ______________________.

「頭山（あたまやま）」

Mountain Head

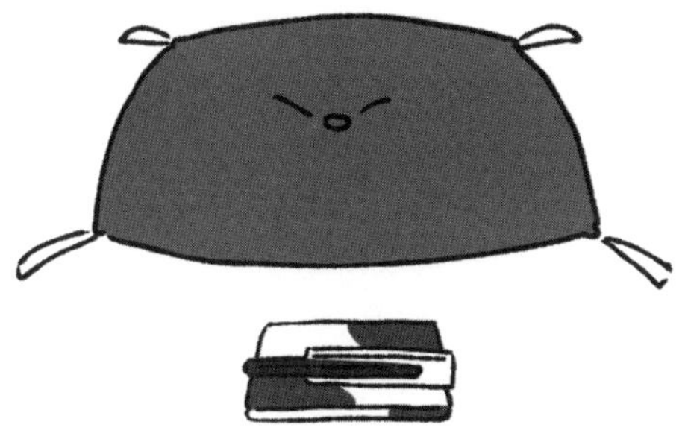

TRACK 33

Mountain Head

There once was a stingy man ...

Man: Oh, look at that ... There are many cherries on the ground ... They must have fallen from these cherry trees. What a lucky man I am! I'm going to pick them up and eat them all!

Chomp, chomp ... He spits the seeds out.

Man: These taste really good! Hmm, but I hate to waste the seeds. I don't know if I should spit them out. No, let's not waste them! I should swallow all the seeds, too!

Gulp, gulp ...

Man: Ah! That was delicious!!

頭 山

昔 ケチな男がおりました …

男： おっと、あれ見ろよ … さくらんぼがたくさん地面に落ちてるぞ … この桜の木から落ちてきたんだな。こりゃあ俺、ついてるぞ！ 拾って全部食べちまおう！

モグモグモグ … ぺっと種を吐き出す。

男： こりゃあ本当にうまいな！ うーん、種を無駄にするのはイヤだなあ。吐き出さなきゃいけないだろうか？ いや、無駄にするのはやめよう！ 種も全部飲み込んじまおう！

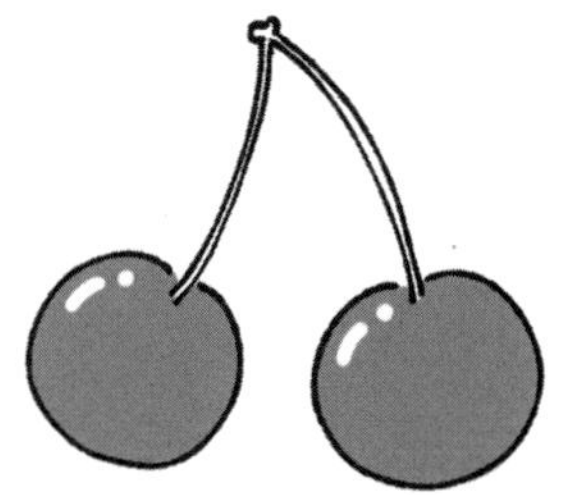

ゴクリゴクリ …

男： ああ！ うまかった！

A few days later …

Man: Aargh! Wh-what's this? Something popped out from the top of my head …

Friend: Hey, it looks like a sprout …

Man: A sprout … ? Oh, maybe it's because I ate so many cherry seeds the other day?

Friend: You *are* pretty stingy! That must be it! Your body is nice and warm with the perfect moisture for the seeds to sprout!

Man: What a lucky man I am!

Friend: Lucky? What do you mean? You have a tree sprouting from the top of your head!

Man: Well, I will let it grow! And then I'll have my very own cherry tree!

Friend: You really are a strange, stingy man. But, that's an interesting idea. We'll see what happens.

Soon the sapling grew into a tree.

数日後…

男：　わあぁ！　な、なんだこれ？　頭のてっぺんから何か飛び出てきたぞ…

友人：　おい、それ何かの芽みたいだぞ…

男：　芽…？　ああ、それならこの前 さくらんぼの種をたくさん食べたせいじゃないかな？

友人：　お前、ほんとにケチだな！　それだよ！　人の体ってのは快適で温かくて湿度もちょうどいいから、種が芽を出したんだろうよ！

男：　こりゃあ、俺ついてるぞ！

友人：　ついてる？　どういうことだよ？　お前、頭のてっぺんから桜の芽が出てるんだぞ！

男：　ああ、このまま育てよう！　そしたら自分の桜の木が持てるぞ！

友人：　お前はほんとに変わってるしケチなやつだな。でもまあ、それも面白いや。どうなることやら様子を見てみよう。

そしてその苗木はすぐに木に育ちました。

Friend: Wow, look at you! There's a huge cherry tree growing from your head! Human bodies must be a really good environment for trees to grow ... It only took a few months to be this big!

Man: Yeah, I'm proud. It looks great, doesn't it? Maybe I'll cut it down soon and make a table and chairs.

Friend: No, let's wait till spring. It'll be great for cherry blossom viewing!

When spring came, the cherry tree had magnificent blossoms ...

Friend: Yes! We were waiting for this! It's beautiful! Magnificent!

Neighbor: Oh, yes, this is the best in town! Maybe even the best in Japan! Let's bring some friends and have a cherry blossom viewing party!!

Friend: Good idea! Let's bring *sake* and have a party on his head!

友人： うわー、見ろよ！　お前の頭にデッカイ桜の木が育ってるぞ！　人間の体って、本当に木を育てるのにいい環境なんだな …こんなに大きくなるのにたったの数ヵ月しか かかってないとは！

男： そうそう、俺も鼻が高いよ。いい感じの木だろう？　そろそろ切り倒して机と椅子でも作るかな。

友人： いや、春まで待とう。こりゃあ花見にちょうどよくなるぞ！

そうして春がやってきて、桜の木は見事に花を咲かせます …

友人： いいねえ！　これを待ってたんだよ！　きれいだねえ！見事だよ！

ご近所さん： おやおや、これは町で一番の桜じゃないかい！　もしかしたら日本一かも知れないよ！　ちょいと人呼んでみんなでお花見会でもしようじゃないか!!

友人： そりゃあいいね！　酒でも持ち寄ってさ、あいつの頭の上で集まろうじゃないか！

His head became a famous area of the town called "Mountain Head," and because it was so famous, everyone crowded to have cherry blossom viewing parties there.

Man: Everybody seems to be having fun, that's great ... but I'm getting a little tired of this ...

Villager 1: Hey, everybody! Let's go see the blossoms at Mountain Head! Bring more *sake*!

Villager 2: Yay! The cherry blossom parties at Mountain Head are the best!

Villager 3: Let's sing! Dance! Play some drums!

From dawn to dusk there were wild parties on his head, and some people even began to fight ...

Man: Stop!!! AARGH!! BE!!! QUIET!!!

The man got angry and shook his head violently.

Villager 1: Aargh, it's an earthquake!

Villager 2: Run for safety!

男の頭は「頭山」と呼ばれ、町でも有名になりました。有名になるともう、みんな寄ってたかって頭の上でお花見会をするようになりまして。

男： みんなして楽しんじゃって、いいことだね … しかし俺はちょっと疲れてきたなあ …

村人1： おい、みんな！ 頭山で花見しようぜ！ もっと酒持ってこいよ！

村人2： イエーイ！ お花見会は頭山が最高だぜ！

村人3： 歌え！ 踊れ！ 太鼓を鳴らせ！

そうして夜明けから夕暮れまで花見騒ぎは男の頭の上で続き、もう花見客の間でけんかまで始まる始末 …

男： やめろ!!! あああ、もう!! 静かにしてくれ!!!

男はついに怒って頭を激しく振りました。

村人1： わあああ、地震だああ！

村人2： 逃げろー！

Man: This is all happening because I've got *this* on my head!

The man grabbed the cherry tree, and yanked it out from his head!
Snap!!

Man: phew ... Great ... It's finally quiet ... Oh ... ? There's a crater on the top of my head.

Friend: That's because you yanked the cherry tree out! Everybody went into a panic!

Man: Well, sorry about that. I just couldn't take it. I want my normal, quiet life back.

After spring, the rainy season came around ...
Drip, drop. Drip, drop.

Friend: So, how is your crater doing these days? ... Oh, that's interesting! The crater on your head is filled with water.

Man: Oh, really? That's nice. It'll be nice and cool for the summer!

男：　こんなものが俺の頭にあるから悪いんだ！

男は桜の木をつかむと、自分の頭から一気に引っこ抜いてしまいました！

ブチッ！！

男：　ふうー … よかった … やっと静かになったよ … あれ …？　頭のてっぺんにぽっかり穴があいてるぞ。

友人：　それはだな、お前が頭から桜の木をいっぺんに引っこ抜いたからだよ。みんなパニックだったんだぞ！

男：　ああ、それは悪かったよ。でも我慢できなかったんだ。普通に静かな暮らしに戻りたいんだよ。

春が過ぎると、今度は雨の季節がやってきました …

ポタリポタリ、ポタリポタリ

友人：　それで、最近お前の頭の穴はどうだい？ … あれあれ、こりゃあ面白い！　頭の穴に水がいっぱいたまってるぞ。

男：　おお、本当か？　そりゃあいいや。夏になったら涼しくてちょうどいい！

Only after a little while, it became a famous pond for people to have BBQs around and for kids to swim.

Kid 1: Hey, let's head over to the pond at Mountain Head and go for a swim!

Kid 2: Yeah, that'll be fun! We can swim and picnic all afternoon!

Kid 3: Everybody! Jump in the water at once! One, two, three!

Splash!!!

Kid 1: Oh, this is fun! Let's do that again!

Kid 2: Yes, let's!!

そんなにしないうちに、頭山の池は有名になり、人々がやってきてBBQを楽しんだり 子供たちが泳ぎにきたりするようになりました。

子供１： おい、頭山の池へ泳ぎに行こうよ！

子供２： いいね、あそこ楽しいよ！ 午後ずっと泳いだりお弁当食べたりできるよね！

子供３： みんなー！ いっせいに水に飛び込むぞー！ いち、に、の、さん！

ザブーーン!!!

子供１： ひゃー、楽しいっ！ もう１回やろうぜ！

子供２： おう、やろうやろう!!

So, many kids came along and they all had swimming parties all day long.

Man: Stop!!! AARGH!! BE!!! QUIET!!!

Friend: Alright, everybody, kids, it's time to leave. The Mountain Head man doesn't like noise. Leave him and the pond alone, OK?

Man: Ah, thank you. I couldn't take it.

Friend: Of course! I'm your friend! ... Oh ... your pond has ... , plankton growing in the water. It even has carp, crayfish, black bass and even trout. This is fun!

Man: Really? Great! I can fish and eat them! Let's go fishing!

Soon the Mountain Head became a famous fishing pond.

Neighbor: Oh, look! This time it became a great fishing pond! Let's go fishing! Wow! You caught a big one! I should bring some more friends.

Villager 1: This is such a nice pond! There are a lot of fish here! Let's catch them and grill them here by the pond!

こんな感じで、たくさんの子供が集まってきまして、一日じゅう泳ぎまくっているわけです。

男： やめろ!!! あああ、もう!! 静かにしてくれ!!!

友人： よーし、みんな、子供たち、もう帰る時間だ。頭山のおじさんは、うるさいのがきらいなんだ。おじさんと池はもう放っておいてくれ、いいかい？

男： ああ、ありがとうな。もう我慢ならなくて。

友人： まあな！ 俺はお前の友達だからな！ … ほお … お前の池…、プランクトンがわいてるな。それにコイやらザリガニやらブラックバスやらマスまでいるぞ。こりゃあいい！

男： 本当か？ そりゃあいい！ 釣って食べられるよな！ 釣りしよう！

そうしてすぐに頭山は有名な釣り池になりました。

ご近所さん： おい、見ろよ！ 今度はすごい釣り池になったぞ！ 釣りしに行こうじゃないか！ わお！ お前でっかいの釣れたな！ よし、もっと友達連れてこよう。

村人１： こりゃあいい池だ！ ここはたくさん魚がいるじゃないか！ 捕ったら池のほとりで焼こうぜ！

Villager 2: Yeah, let's have a fishing party! Bring a BBQ grill! Bring some *sake*! Party! Party! Party!

Finally, the man could no longer stand it.

Man: Stop!!! AARGH!! BE!!! QUIET!!! I can't live like this anymore!

Splash!!!
The man threw himself into the pond on his own head.

村人2： そうだ、釣りパーティだ！ BBQのグリル持ってこい！ 酒も持ってこい！ パーティだ！ パーティだ！ パーティだ！

ついに男はそれ以上我慢できなくなりました。

男： やめろ!!! あああ、もう!! 静かにしてくれ!!! こんな生活もうイヤだ！

バッシャーーーン!!!
男は自分の頭の池に飛び込んでしまいましたとさ。

「頭山」の解説

落語が他の舞台芸術と異なる点の1つに、観客の想像力に頼りに頼った芸である、ということがあります。歌舞伎のように舞台や背景があり、何人もの役者が衣装やメイクでそれぞれの登場人物を豪華絢爛に表現しているものは、見ていて楽しいし わかりやすいものです。また、次から次へと目を奪う動きや変化もあるので、観客はラクに楽しめます。それらが一切ない落語は見た目が地味ですし、しゃべり言葉とちょっとしたしぐさや表情だけで話のすべてを理解しなければなりません。見るときには集中力と想像力を使わなければならないので、観客にとって負担が大きい芸です。しかし、だからこそ可能になる部分もあり、それが落語の魅力でもあります。

「頭山」は、そのような落語の特徴が上手く使われている噺の1つです。真面目に考えたら、物理的にありえないことが次から次へと平然と起きていく…。そして、それに対して誰も疑問をもつことなく 噺は進んでいきます。誰かの頭の上に桜の木が生える、そこまではまだ想像できるとしても、そこにたくさんの人がよじ登って花見をしたり、泳いだり、みんなで釣りをしたり … となるとだんだん複雑になってきます。さらに最後には自分自身の頭のてっぺんの池に飛び込むなんて、どうやったら可能なのか …?という「???」を観客の脳裏に残して噺はサクっと終わります。この噺を舞台でリアルに演じようとすると、なかなか困難です。落語だからこそ、観客の想像に任せるということができるのですね。最後のオチは観客に丸投げです。

時間の流れも人の数も、落語の世界ではなんのそのです。数ヵ月だろうが数十年だろうが、一瞬でたってしまいます。「頭山」では数ヵ月の季節の流れがあっという間に進んでいきますが、誰も疑問に思いません。夏になりました、と言われれば夏なんだなあと観客が暑さや豊かな緑や冷たい池の水を想像すればよいわけです。これが 20 年後です、と言われたとしても、演者が年とった登場人物を演じれば、観客は 20 年たったんだなあ、と思うものです。舞台装置や背景を入れ替えたり、登場人物の衣装やメイクを変える必要はないのです。また 登場人物にしても、「頭山」で大騒ぎする人々が何十人いようと、かまわないのです。いろいろな人がいろいろなことを言っていれば、ああたくさんの人が集まって楽しそうにしているなあ、と観客は思うものです。何十人もの役者を用意して舞台に立たせる必要はないわけです。

こうしてみると、落語とはなんと演じる者にとってラクで怠惰な芸なのだろう、と思われるかもしれません。私も英語落語の海外公演をかなりの回数してきましたが、落語だからできていると思います。着物、座布団、扇子、手ぬぐい。これだけ持っていけば、たった一人で世界中どこでも 2 時間の落語ショーができます。2 時間の歌舞伎の舞台をやろうと思ったら、何十人もの人を連れて衣装や舞台道具など大量の荷物を持って移動しなければなりません。落語は、座布団一枚のスペースがあれば、大劇場の舞台でも、小学校の教室でも、ホームパーティでも、どこでもできます。だからこそ、自信をもって皆さんにおすすめしたいと思っています。きちんと覚えて練習さえすれば、本当に誰にでも気楽にどこでも披露することができます。座布団一枚分のスペースから、限りない想像の落語ワールドを、是非、世界に発信してみてください。

●著者紹介

大島 希巳江（おおしま・きみえ）

1970年、東京生まれ。渋谷教育学園幕張高等学校、在学中にアメリカへ交換留学。コロラド州立大学ボルダー校へ進学、卒業。帰国後、青山学院大学大学院にて国際コミュニケーション学修士号、国際基督教大学大学院にて教育学（社会言語学）博士号を取得。現在、神奈川大学国際日本学部国際文化交流学科教授。英語落語プロデューサー&パフォーマー。著書に、『世界を笑わそ！── RAKUGO IN ENGLISH』、『英語落語で世界を笑わす！── シッダウン・コメディにようこそ』、『笑える 英語のジョーク百連発！』（すべて研究社）、『日本の笑いと世界のユーモア ── 異文化コミュニケーションの観点から』（世界思想社）、『やってみよう！教室で英語落語』（三省堂）など、多数。

英語(えいご)で小噺(こばなし)! 2 ── イングリッシュ・パフォーマンス実践教本(じっせんきょうほん)

2021年10月29日　初版発行

著者
大島(おおしま) 希巳江(きみえ)

発行者
吉田 尚志

発行所
株式会社　研 究 社

〒102-8152　東京都千代田区富士見2-11-3
電話　営業(03)3288-7777(代)　　編集(03)3288-7711(代)
振替　00150-9-26710
https://www.kenkyusha.co.jp/

KENKYUSHA
〈検印省略〉

印刷所
研究社印刷株式会社

装丁・デザイン・DTP
株式会社イオック(目崎智子・白木菜摘)

英文校閲
ジョナサン・シェア

イラスト
コミックスパイラる・法師人央美

ISBN 978-4-327-45303-9　C0082　Printed in Japan